Sebastian Moll

Seid doch einfach wieder Kirche!

Sebastian Moll

SEID DOCH EINFACH WIEDER KIRCHE!

95 Thesen zur Situation der evangelischen Kirchen in Deutschland

Brendow
Verlag | Alles, was Sinn macht!

Bibliografische Information der Deutschen Nationalbibliothek
Die Deutsche Nationalbibliothek verzeichnet diese Publikation in der Deutschen Nationalbibliografie; detaillierte bibliografische Daten sind im Internet über http://dnb.d-nb.de abrufbar.

ISBN 978-3-86506-939-9

Einbandgestaltung: Brendow Verlag, Moers
Titelfoto: fotolia Georgios Koolidas
Satz: Brendow Web & Print, Moers
Druck und Verarbeitung: Grafik Media Produktionsmanagement, Köln
Printed in Germany

www.brendow-verlag.de

Vorwort

Nichts gegen Kultur! Ich schreibe dieses Vorwort gerade in der Vorweihnachtszeit. Aber Weihnachten ohne den lebendigen Jesus Christus, der als Kind in der Krippe, als Mann am Kreuz, als der Auferstandene und als der zu erwartende wiederkommende Herr der Weltgeschichte die Hauptfigur an Weihnachten ist, bleibt nach Weihnachten ein Gefühl der Leere zurück. Ja, es fällt mir schwer zu denken: Selbst ohne das Kind in der Krippe würde ich mir aber immer noch diese Weihnachtskultur wünschen, weil offenbar in den Wochen zuvor das liebevolle Aneinander-Denken, die stimmungsvollen Lieder, die herrlich geschmückten Häuser und Straßen, die Weihnachtsmärkte und vieles mehr auch schon mal was hergeben. Wenn die Schale schon so gut tut, wie wird es dann erst werden, wenn der Kern der Botschaft verstanden wird?

Christliche Kirchen sind auch bedeutsame Kultureinrichtungen. Nicht selten prägen sie ein Stadt- oder Dorfbild, geben schon durch den Kirchturm eine hilfreiche Orientierung. Und viele Veranstaltungen in den Kirchen vermitteln ein hohes Maß an Kunst und Bildung. Wir sollten schon von der Schale her auf keinen Fall darauf verzichten. Und so ist es auch mehr als gut und notwendig, dass in der zurückliegenden Lutherdekade und im Jahr des Reformationsgedenkens die Bedeutung der Reformation für Kunst und Kultur, Musik und Bildung, Sprache, Politik, Toleranzverständnis und Freiheit erörtert wurde und wird. Aber so wie Martin Luther mit seinen 95 Thesen eine Diskussion um die Inhalte des Evangeliums und die Gestalt der Kirche angezettelt hat, so braucht es jetzt erst recht die Diskussion um die wirkliche Kernbotschaft des Evangeliums und der Reformation.

„Seid doch einfach wieder Kirche!“ Mit dieser locker daherkommenden, provokant-herausfordernden Parole regt Sebastian Moll mit seinen 95 Thesen zum Nachdenken und zur Diskussion an. Man muss gar nicht allen Thesen auf Anhieb zustimmen, vielleicht sogar auch gar nicht. Denn er macht vor allem mit seinen Schlussthesen deutlich, dass ihnen weder Vollständigkeit noch Unfehlbarkeit anhaften. Er stellt sie vielmehr zur Disputation. Das verlockt zum Lesen, Studieren, Diskutieren, gerade auch bei denen, die ganz aktuelle Bezüge zur kirchlichen Gegenwartskultur aufnehmen. Dazu helfen auch die Provokationen, die Herausforderungen.

„Die hier aufgestellten Thesen sind nach bestem Wissen und Gewissen, im Bewusstsein der Verantwortung vor Gott und in treuem Hören auf sein Wort entstanden. Der Autor ist in großer Sorge um die Zukunft der Kirche, die er bei aller Kritik noch immer als die seine empfindet. Die hier vorliegende Stellungnahme hat er nicht leichtfertig formuliert, sondern nach reiflicher Überlegung und aus tiefster Überzeugung." Das nehme ich ihm ab. Dass beim Lesen die Lust zum Weiterlesen zunimmt und hoffentlich die ernsthafte Auseinandersetzung im fairen Gedankenaustausch, dazu hilft dann gewiss auch, dass den Leser der Eindruck nicht verlassen wird, Sebastian Moll habe dann auch beim Niederschreiben der lutherische Grundsatz nicht verlassen, dabei den „Leuten aufs Maul zu schauen". Darum: Danke für den für mich unverzichtbaren Diskussionsbeitrag, geprägt von der Liebe zu Gott und den Menschen und der Leidenschaft für eine neue reformatorische Ausrichtung der Gemeinschaft der Kinder Gottes, der Kirche eben.

Hartmut Steeb

1

Als unser Herr Jesus Christus sagte: „Glaubt an das Evangelium“, wollte er, dass wir an das ganze Evangelium glauben.

Das Evangelium ist eine Kraft Gottes, die alle, die daran glauben, zur Umkehr und zur Seligkeit führt. Es ist verkörpert in Jesus Christus und bewahrt in den Schriften des Neuen Testaments. Um aber seine selig machende Wirkung entfalten zu können, muss es von ganzem Herzen und in seiner Gesamtheit empfangen werden.

2

Wer nur die Teile des Evangeliums akzeptiert, die ihm gefallen, glaubt nicht an das Evangelium, sondern an sich selbst.

Der natürliche Mensch macht sich selbst zum Maß aller Dinge. Der Glaube verändert diese Sichtweise, weil er Gottes Wort als Maßstab anerkennt. Wer jedoch nur die Teile der Offenbarung annimmt, die ihm gefallen, hat diesen Wandel nicht vollzogen, sondern macht immer noch sich selbst zum Richter.

3

Das Zweifeln am Wort Gottes ist der Beginn allen Unheils.

Die Schlange war listiger als alle Tiere auf dem Felde. Deshalb sagte sie zu Eva nicht: *Sündige!*, sondern: *Vielleicht ist es gar keine Sünde ...* Würde der Verführer in all seiner Boshaftigkeit offen erscheinen, kaum ein Mensch würde ihm folgen. Aber er appelliert an die Eitelkeit des Menschen, die dazu neigt, sich selbst in den Mittelpunkt zu stellen. Darum liegt ihm die Menschheit zu Füßen, darum kam die Menschheit zu Fall.

4

Der Mensch ist von Natur aus rebellisch gegen Gottes Wort.

Wäre der Mensch von Natur aus geneigt, ein gottgefälliges Leben zu führen, so bräuchte es die Gebote nicht. Die Rebellion gegen Gottes Wort gehört zur natürlichen Veranlagung des Menschen. Deshalb kann der Mensch nicht über die Befolgung der Gebote entscheiden. Das wäre so, als würden Kriminelle über das Strafgesetzbuch mitbestimmen.

5

Man kann nur lesen, was geschrieben steht.

Eine beliebte Form der Rebellion gegen Gottes Wort ist die Behauptung, man missachte das Wort nicht, man lese es lediglich anders. Es handelt sich hierbei um eine heimliche Rebellion, bei der der Rebell nicht einmal den Anstand hat, sich zu seinem Ungehorsam zu bekennen. Denn im Grunde bedeutet diese Haltung nur, dass man etwas anderes lesen will als das, was geschrieben steht. Aus einem „Du sollst nicht stehlen“ lässt sich keine Segnung für Diebesbanden ableiten. Wer Augen hat zu lesen, der lese!

Das Wort Gottes ist ein scharfes Schwert.

Gottes Offenbarung stellt einen Angriff auf unsere eigene Weltsicht dar und wirbelt diese kräftig durcheinander. Deshalb ist seine Offenbarung im wahrsten Sinne des Wortes polemisch. Wie ein Schwert dringt das Wort Gottes in unsere Welt ein und erklärt ihr den Krieg. Die Kirche vergeht sich an ihrem Auftrag, wenn sie das Schwert gegen Samthandschuhe eintauscht. Die Wahrheit darf und muss zuweilen auch wehtun.

7

Das Wort Gottes ist nicht vernünftig.

Gott ist höher als all unsere Vernunft, sein Reich ist nicht von dieser Welt. Wir können daher nicht erwarten, dass seine Offenbarung unseren eigenen Denkkategorien entspricht. Die Vernunft ist ein Hilfsmittel zum Verständnis der Offenbarung, aber nicht Richterin über ihre Wahrheit.

8

Wir haben Gott nicht vorzuschreiben, wie er sich zu offenbaren hat.

Wir müssen uns Gott nicht vorstellen, er hat sich uns vorgestellt. Gott hat sich in Jesus Christus vollständig zu erkennen gegeben. Wir sind lediglich Empfänger der Offenbarung, nicht ihre Gestalter. Wir nehmen die Offenbarung so an, wie sie Gottes Willen entspricht.

9

Wer sich von Gottes Wort angegriffen fühlt, sollte nicht das Wort ändern, sondern sich selbst.

Sich von Gottes Wort angegriffen zu fühlen, ist kein Sonderfall, sondern der Normalzustand. Es gehört zur menschlichen Egozentrik zu meinen, nur man selbst sei betroffen, während die anderen es leichter hätten. In Wahrheit ist jeder Einzelne auf seine Weise durch das Wort Gottes herausgefordert und zur Umkehr gerufen.

10

Wer das Wort Gottes nach eigener Willkür verändert, setzt sich selbst auf den göttlichen Thron.

Zu allen Zeiten haben Menschen das Wort Gottes in ihrem eigenen Sinne verdreht und verfälscht. Doch einen Frevel wie die „Bibel in gerechter Sprache“ hat es in 2000 Jahren Kirchengeschichte noch nicht gegeben. In früheren Zeiten wäre man für solche Blasphemie verurteilt worden, heute wird sie kirchlich gefördert. Eine Kirche, die solches tut, hat sich von ihrem Herrn losgesagt. Sie hat aufgehört, Kirche im eigentlichen Sinne zu sein.

11

Die historisch-kritische Methode ändert nichts an der göttlichen Botschaft.

Die historisch-kritische Exegese ist eine legitime wissenschaftliche Methode zum besseren Verständnis der Heiligen Schrift. Vielfach wird sie aber als Vorwand missbraucht, um den eindeutigen Inhalt eines Textes abzuwandeln. So wird aus der klaren Ablehnung homosexueller Praxis auf einmal eine allgemeine Mahnung zu verantwortungsvoller Sexualität. Doch so, wie die mechanische Betrachtung eines Klaviers nichts am Klang einer Sonate von Beethoven ändert, so ändert auch die wissenschaftliche Betrachtung des Evangeliums nichts an dessen Botschaft.

12.

Die Schrift ist nicht irrtumslos, aber unfehlbar in der Lehre.

In der Heiligen Schrift befinden sich Angaben, die nach modernen Maßstäben der Naturwissenschaft und Geschichtsforschung inkorrekt sind. Daher sollte man vermeiden, von der Irrtumslosigkeit der Bibel zu sprechen. Die Schrift ist hingegen unfehlbar und vollständig in allen Fragen der theologischen Lehre.

13

Der Glaube an die Offenbarung schließt den Glauben an ihre Überlieferung mit ein.

Gottes Wirken in dieser Welt wurde von Menschen festgehalten, mit ihren eigenen Worten. Auch die Zusammenstellung dieser Texte zu unserem biblischen Kanon erfolgte nach menschlichem Ermessen. Das alles bedeutet jedoch nicht, dass man diesen Prozessen mit übertriebenem Misstrauen begegnen muss. So, wie es Gott gefiel, die Menschheit in Christus zu segnen, legte er seinen Segen auch auf die entsprechende Art der Überlieferung.

14

Jesus Christus ist der Höhepunkt der Offenbarung.

Schon vor seiner Menschwerdung in Jesus Christus hat sich Gott seinem Volk offenbart. Doch mit der Inkarnation findet diese Offenbarung ihren Höhepunkt, mit diesem Schritt hat Gott den Graben zwischen sich und den Menschen überwunden. In Jesus Christus lernen die Menschen Gott in nie vorher gekannter Nähe kennen.

15

Alle Offenbarung vor Christus ist von ihm her zu verstehen.

Die Schriften des Alten Testaments sind für Christen keineswegs belanglos. Allerdings hat sich mit dem Erscheinen Christi der Maßstab ihrer Auslegung verändert. Christus ist das fleischgewordene Wort Gottes, dessen Autorität über allem steht. Sein „Ich aber sage euch“ steht über dem Wortlaut der ursprünglichen Texte. Das alttestamentliche Gesetz ist in Jesu Sinne, die alttestamentliche Prophetie auf ihn hin zu deuten.

16

Nach Christus gibt es keine weitere Offenbarung.

Mit Jesus Christus hat die göttliche Offenbarung ihren Höhepunkt erreicht und ist zu ihrem Abschluss gekommen. Das bedeutet keineswegs, dass Gott nicht weiterhin durch seinen Geist in dieser Welt wirkt, doch wird dieses Wirken niemals über das Evangelium hinausgehen.

17

Nicht alle Eingebungen stammen vom Heiligen Geist.

Oft fühlen Christen eine starke Inspiration, doch nicht jede von diesen stammt vom Heiligen Geist. Auch andere Mächte können uns beeinflussen, von unseren Gedanken Besitz ergreifen. Die Scheidung der Geister ist oberste Pflicht eines jeden Christen. Jedwede Eingebung ist anhand der Heiligen Schrift zu überprüfen.

18

Gottes Geist leitet uns niemals gegen sein Wort.

Der Geist Gottes schenkt uns keine neuen Offenbarungen. Vielmehr wirkt er als Tröster und Ermutiger unter uns Christen. Niemals wird uns Gott dabei gegen sein eigenes Wort leiten. Eingebungen, die im eindeutigen Widerspruch zum Wort Gottes stehen, müssen daher als satanisch verworfen werden.

19

Der Glaube braucht das Bekenntnis.

Die Bekenntnisse der Kirche bieten eine Zusammenfassung der wichtigsten Glaubensinhalte. Zugleich sind die Bekenntnisse bedeutende Erkennungszeichen der Christenheit. Wer das apostolische Glaubensbekenntnis oder das Bekenntnis von Nicäa spricht, weiß sich mit allen Christen dieser Welt im Glauben verbunden.

20

Die Schrift erzeugt das Bekenntnis, das Bekenntnis ordnet die Schrift.

Bekenntnisse dürfen niemals im Widerspruch zur Heiligen Schrift stehen, vielmehr müssen sie aus ihr erwachsen. Zugleich sorgen die Bekenntnisse dafür, die ungeheure Fülle der Schrift zu ordnen und ihre wesentlichen Inhalte auf den Punkt zu bringen. Daher eignen sie sich gut für einen Einstieg in die Welt des christlichen Glaubens.

21

Den schärfsten Streit hatte Jesus mit den Schriftgelehrten und Pharisäern.

Jesus erweist sich den Menschen gegenüber nicht immer als freundlich, zuweilen findet er mehr als deutliche Worte für deren Fehlverhalten. Doch mit keiner Gruppe geht er so hart ins Gericht wie mit den Schriftgelehrten und Pharisäern. Dieser Umstand ist bezeichnend. Die größten Widersacher des Gottessohnes waren nicht die Sünder, sondern die religiöse Oberschicht.

22

Die Pharisäer haben vieles mit den heutigen Theologen gemeinsam.

Fragt man, welche Gruppierung unserer Zeit am ehesten den antiken Schriftgelehrten und Pharisäern entspricht, so wird man bei den akademischen Theologen fündig. Viele von ihnen verhalten sich ihren biblischen Verwandten erschreckend ähnlich. Sie erheben sich mit großer Arroganz über die einfachen Gläubigen und beschäftigen sich mit unwichtigen Details, während sie das wirklich Wichtige aus den Augen verlieren.

23

Theologie muss verständlich sein.

Es ist Aufgabe der Theologie, den Menschen die göttliche Offenbarung näherzubringen. Sie soll das Komplizierte einfach, nicht das Einfache kompliziert machen. Daher sollten Theologen auf unnötig verwirrende Formulierungen verzichten und sich einer verständlichen Sprache bedienen.

24

Theologie muss sich auf relevante Themen konzentrieren.

Theologische Fragen sind von existenzieller Bedeutung für die Menschen. Auf eben diese Fragen soll die Theologie Antworten finden. Anstatt Mücken auszusieben und Kamele zu verschlucken, wie es die Pharisäer und Schriftgelehrten taten, müssen die Theologen auf die wirklichen Fragen der Menschen hören und sich mit diesen auseinandersetzen. Sie halten Symposien ab über die Frage, ob Paulus einen Brief im Frühjahr oder im Herbst verfasst hat, aber wo bleibt der Aufschrei der Theologen gegen die Bibel in gerechter Sprache, das EKD-Familienpapier, die Absage an die Mission unter Muslimen etc.?

25

Theologie sucht nach der Wahrheit.

Gott ist die Wahrheit, und die Theologie sucht nach der Wahrheit. Dass die Theologie, da sie von Menschen betrieben wird, immer auch irren kann, darf sie nicht von ihrer Suche abbringen. Die Wahrheit mag nie vollständig erreicht werden, doch sie ist und bleibt Ziel aller ernsthaften Theologie. Der Diktatur des Relativismus darf sie sich niemals ergeben.

26

Irrlehre muss als solche benannt werden.

Die Suche nach der Wahrheit schließt das Entlarven der Irrlehre zwingend mit ein. Wer sich zur Wahrheit bekennt, muss die Lüge verdammen. So wie ein Mensch nicht zwei Herren dienen kann, kann er auch nicht zwei verschiedene Wahrheiten akzeptieren. Die Richtschnur zur Beurteilung wahrer und falscher Lehre ist die Heilige Schrift, nicht die Meinung der Mehrheit.

27

Persönliche Betroffenheit ist kein theologisches Argument.

Ein Christ stellt die Suche nach der Wahrheit über seine persönlichen Befindlichkeiten. Dass die Wahrheit mitunter auch verstörend, ja sogar verletzend sein kann, nimmt er dabei in Kauf. Auch Jesus hat seine Hörer mit seiner Predigt oft vor den Kopf gestoßen. Das Argument, man fühle sich durch eine bestimmte Aussage der Schrift persönlich verletzt, kann kein ernst zu nehmendes Argument bei der Wahrheitsfindung sein.

28

Theologie kann nur von Gläubigen betrieben werden.

Die Theologie ist eine bekenntnisgebundene Wissenschaft. Daher kann sie auch nur von jenen betrieben werden, die sich an dieses Bekenntnis gebunden wissen. Wer die Offenbarung Gottes nicht anerkennt, kann nicht glaubhaft von ihr oder über sie sprechen.

29

Theologie kann nur für Gläubige betrieben werden.

Die Ergebnisse einer bekenntnisgebundenen Wissenschaft sind für jene, die außerhalb dieses Bekenntnisses stehen, völlig irrelevant. Theologen sollten daher nicht nach der Anerkennung dieser Gruppe schielen, auch wenn sie die größere sein mag. Die Zielgruppe der Theologen bildet einzig und allein die Gemeinde der Gläubigen.

30

Theologie steht im Dienste der Kirche.

Theologie wird nicht um ihrer selbst willen betrieben. Sie hat ein klar definiertes Ziel. Sie möchte den Glauben stärken und fördern, den Glauben der Gemeinde, den Glauben der Kirche. Wenn sie sich in verständlicher Sprache relevanten theologischen Themen zuwendet, wird sie dieses Ziel niemals verfehlen.

31

Als unser Herr Jesus Christus sagte: „Machet zu Jüngern alle Völker“, meinte er alle.

Gott will, dass alle Menschen gerettet werden. Die Erlösung aber liegt allein in Jesus Christus. Deshalb sollen alle Menschen zu ihm finden. Es gibt keinen Grund, von dieser umfassenden Forderung irgendetwas wegzunehmen oder umzuwandeln. Nach der fragwürdigen Absage an die Judenmission erwägen einzelne Landeskirchen nun sogar, auf Mission unter Muslimen zu verzichten. Der Missionsbefehl aber ist ein Befehl, kein Vorschlag zur Diskussion in kirchlichen Gremien.

32.

Das Bekenntnis zu Christus ist ein Entweder-oder

Niemand kann zwei Herren dienen. Entweder ein Mensch bekennt sich zu Christus oder er tut es nicht. Es gibt keine Abstufungen auf dem Weg zum Heil. Wer noch nicht zu Jesus gefunden hat, dem soll das Evangelium nicht vorenthalten werden.

33

Eine Kirche, die nicht missioniert, hat aufgehört, Kirche zu sein.

Die Kirche wird ihrem Auftrag nur gerecht, wenn sie in Bewegung bleibt und ihren Schatz weitergibt. Sie muss sich den Menschen zuwenden, die bisher noch nicht vom Evangelium erreicht wurden. Auf diese Weise wird die Kirche zu einem Werkzeug der Mission Gottes in der Welt.

34

Die Pflege des harmonischen gesellschaftlichen Miteinanders ist nicht die primäre Aufgabe der Kirche.

Jesus ist nicht gekommen, Frieden zu bringen, sondern das Schwert. Unser Herr spricht unverhohlen aus, dass uns unser Bekenntnis zu ihm mit unserer Umwelt entzweien wird. Selbstverständlich soll die Kirche nicht den Konflikt um des Konflikts willen suchen. Aber die Angst vor einem möglichen Konflikt darf niemals zur Verheimlichung des Bekenntnisses führen.

35

Jesus hat sich denjenigen Menschen zugewandt, die sich zu ihm bekannten.

Es ist ein Irrtum zu glauben, dass sich Jesus den Menschen ungeachtet ihres Bekenntnisses zugewandt habe. Der Hauptmann aus Kapernaum, der oft als ein solches Beispiel angeführt wird, war zwar kein Jünger Jesu, zeigte sich ihm gegenüber jedoch unterwürfig und erkannte somit dessen Vollmacht an. Deshalb konnte Jesus zu ihm sagen: „Geh hin; dir geschehe, wie du geglaubt hast."

36

Mission ist kein Zwang, sondern eine Einladung.

Der Glaube kann und darf niemandem aufgezwungen werden. Das würde auch nicht funktionieren, da der Glaube niemals allein mit menschlichen Mitteln erwirkt werden kann. Mission bedeutet lediglich, das Geschenk des Glaubens an andere weiterzugeben. Ob diese es annehmen oder nicht, liegt nicht in der Hand des Missionars.

37

Ein schlechtes Gewissen ist keine Grundlage für theologische Entscheidungen.

In der Geschichte der Kirche hat es, gerade im Zusammenhang mit der christlichen Mission, viel Unheil gegeben. Es gilt, aus diesen Fehlern zu lernen und sie nicht erneut oder in anderer Form zu begehen. Auf keinen Fall aber dürfen wir uns durch Fehler der Vergangenheit von der Mission als solcher abbringen lassen.

38

Mission ist keine Überzeugungsarbeit.

Der Glaube ist und bleibt ein Geschenk Gottes, er kann niemals durch menschliche Leistung allein hervorgebracht werden. Deshalb sollten wir nicht glauben, andere durch Argumente oder theologische Plädoyers zum Glauben führen zu können. Letzten Endes liegt der Erfolg allein im Wirken des Heiligen Geistes.

39

Mission hat den ganzen Menschen im Blick.

Mission ist mehr als nur die Predigt des Evangeliums, sie bedeutet Zuwendung zu den Menschen in Wort und Tat. Menschen müssen die Liebe Gottes, die sich im Evangelium Jesu Christi offenbart hat, nicht nur hören, sondern auch spüren, so, wie auch unser Herr selbst stets das Heilwerden des ganzen Menschen im Blick hatte.

40

Mission ist Aufgabe eines jeden Christen.

Obwohl es Menschen gibt, die gezielt von der Kirche mit der Mission beauftragt werden, sollte jeder Christ den Missionsbefehl verinnerlichen. Jeder von uns kommuniziert ständig mit seiner Umwelt, die Weitergabe des Glaubens kann jeden Tag auf unterschiedlichste Weise geschehen, oft in ganz unerwarteten Situationen. Als Christen sollten wir jederzeit zum Zeugnis unseres Glaubens bereit sein.

41

Wer sagt: „Ich liebe Jesus, aber ich hasse die Kirche", könnte ebenso gut sagen: „Ich liebe meine Frau, aber ich hasse unsere Ehe."

Die Kirche ist der Leib Christi, die Gemeinschaft aller, die sich zu Christus als ihrem Herrn bekennen. Sie ist Teil des Glaubensbekenntnisses. Bei aller berechtigten Kritik, die man an der sichtbaren Institution und ihren Vertretern haben kann, bleibt es doch unmöglich, den Herrn und seine Kirche voneinander zu trennen. Wer Jesus liebt, muss auch seine Kirche lieben.

42

Trotz aller unterschiedlichen Konfessionen bleibt die Kirche Jesu Christi *eine* Kirche.

Ein Herr, ein Glaube, eine Taufe – dieser Grundsatz des Apostels Paulus gilt auch für die Kirche. Es ist *eine* Kirche, weil ihr Herr *einer* ist. Daher gehören alle Christen zu der einen heiligen christlichen Kirche und bezeugen gemeinsam die Gegenwart Gottes.

43

Kirche ist da, wo das Wort Gottes rein gepredigt und die Sakramente richtig verwaltet werden.

Jesus Christus hat uns den Auftrag gegeben, aller Welt sein Wort zu verkünden, alle Menschen im Namen der Heiligen Dreieinigkeit zu taufen und das Abendmahl zu seinem Gedächtnis zu feiern. Die Erfüllung dieses Auftrags ist ausreichend für die wahre Einheit der Kirche.

44

Die Kirche muss tun, wozu sie beauftragt wurde.

Die Kirche hat sich ihren Auftrag nicht selbst gegeben, sondern ist von ihrem Herrn mit diesem Auftrag versehen worden. Die Kirche muss sich ihres Auftrags und ihrer Verantwortung bewusst sein. Zu allen Zeiten hat sie ihr Handeln einzig und allein an den Worten ihres Herrn auszurichten.

Die Kirche kann nicht tun, wozu sie nicht beauftragt wurde.

Bei der Auswahl ihrer Handlungen ist die Kirche an den Auftrag ihres Herrn gebunden. Sie kann weder gegen ihn handeln noch Dinge hinzuerfinden. Die Frage, ob eine bestimmte Handlung in den Augen der Welt geboten oder sinnvoll erscheint, ist für die Kirche ohne Belang.

46

Das Studienzentrum für Genderfragen ist eine Schande für unsere Kirche.

Welche Zukunft kann eine Kirche haben, die Einrichtungen betreibt und finanziert, deren Ideologie sowohl dem Zeugnis der Schrift als auch der klaren Vernunft widerspricht? Wenn die Kirche etwas aus ihrer Geschichte lernen kann, dann, wie gefährlich es ist, die eigene Lehre dem Wechsel der jeweils herrschenden weltanschaulichen Überzeugung zu überlassen. Möge sie von diesem Irrweg abkommen!

47

Der Prediger predigt nicht sich selbst, sondern Christus.

So wie sich die Kirche stets auf ihren Auftrag besinnen muss, so muss sich auch der Prediger zu jeder Zeit seiner besonderen Aufgabe bewusst sein. Als Diener am Wort Gottes ist er lediglich ein Verwalter der göttlichen Botschaft. Er darf seine Predigt daher nie an seinen eigenen Gedanken ausrichten, sondern muss stets Christus in den Mittelpunkt seiner Verkündigung stellen.

48

Der Heilige Geist leitet die Kirche, nicht umgekehrt.

Das Wirken des Heiligen Geistes ist die Ursache allen kirchlichen Lebens. Doch der Geist weht, wo er will, nicht da, wo die Gemeinde es will. Die Kirche darf und muss auf das Wirken des Geistes vertrauen, sich aber niemals anmaßen, ihn nach Belieben herbeirufen oder über ihn verfügen zu können.

49

Glaube ist etwas Persönliches, aber nichts Privates.

Das Evangelium ist eine Kraft, die den Menschen in seinem Innern bewegt und in jedem Menschen eine ganz eigene Wirkung entfaltet. Der Glaube ist somit etwas zutiefst Persönliches. Etwas Privates hingegen möchte man vor anderen Menschen abschirmen und verbergen. Genau das kann der christliche Glaube niemals sein, da er stets auf den Nächsten gerichtet ist.

50

Ein Christ ohne Gemeinde ist kein Christ.

Wer die Gegenwart Jesu Christi erfährt, wird die Gemeinschaft mit anderen Christen suchen. Nur in dieser Gemeinschaft kann sich der Glaube entfalten und wachsen. Gottesliebe und Nächstenliebe sind zwei Seiten derselben Medaille, wie unser Herr sagt. Daher kann sich ein Christ niemals zurückziehen und auf sein eigenes Leben beschränken.

51

Die Mitgliedschaft in der Kirche muss durch eigenen Entschluss erfolgen.

Bei der Aufnahme in die Gemeinschaft der Kirche geht es um eine wichtige Entscheidung. Ein Mensch sagt Ja zur Gemeinschaft mit Gott und mit anderen Gliedern am Leib Christi. Dieses Ja muss aus eigenem Entschluss und voller Überzeugung ausgesprochen werden.

52.

Die aktive Mitgliedschaft muss von der Taufe unterschieden werden.

Bei der Taufe nimmt Gott uns als seine Kinder an. Er sagt Ja zu uns, noch bevor wir selbst Ja sagen können. Es ist daher richtig und wichtig, auch Kindern die Gnade Gottes in Form der Taufe zuzusprechen. Der Entschluss zur aktiven Zugehörigkeit zur Gemeinde Christi sollte jedoch erst als Erwachsener erfolgen.

53

Jedes Kirchenglied soll die Kirche nach Kräften unterstützen.

Mit der Aufnahme in die Gemeinde Gottes ändert sich der Blickwinkel eines Menschen. Es geht fortan nicht mehr nur darum, was für ihn gut ist, sondern auch darum, was er anderen geben kann. Als Glied der Kirche verpflichtet er sich, Verantwortung für die Gemeinschaft zu übernehmen und diese zu unterstützen.

54

Das Kirchensteuermodell nutzt die Trägheit der Menschen aus.

Nur ein geringer Teil der offiziellen Kirchenglieder führt ein aktives Gemeindeleben. Für die große Mehrheit gibt es also keinen wirklichen Grund, Beiträge an eine Organisation zu leisten, deren Angebote sie nicht in Anspruch nimmt. Lediglich die Tatsache, dass viele Menschen als Kinder ohne ihre Zustimmung Mitglied der Kirche geworden sind, führt zu der noch immer großen Menge an Kirchensteuerzahlern.

55

Würden alle Kirchensteuerzahler morgen aus der Kirche entlassen, würde nur ein Bruchteil wieder eintreten.

Es liegt in der Natur des Menschen, eher in einem bestimmten Zustand zu verharren, als diesen bewusst zu verändern. Deshalb verweilen viele Menschen als Mitglieder in der Kirche, ohne sich ihr wirklich verbunden zu fühlen. Eine Kirche, die sich und ihren Auftrag ernst nimmt, kann mit einem solchen Zustand nicht zufrieden sein.

56

Die Kirche fängt nicht mit uns an.

Es hat vor uns Christen gegeben, es wird nach uns Christen geben. Wir sollten uns und unsere Zeit nicht zum Mittelpunkt der Kirchengeschichte machen. Es ist wichtig, sich nicht nur der weltweiten Gemeinschaft, sondern auch der generationenübergreifenden Gemeinschaft der Kirche bewusst zu sein.

57

Ohne Tradition gäbe es keine Kirche.

Seit den Anfängen der christlichen Gemeinschaft haben Menschen das Evangelium an kommende Generationen weitergegeben und so erst unser heutiges kirchliches Leben ermöglicht. Wir sind dankbar für diesen Dienst früherer Christen und wollen ihn gewissenhaft weiterführen.

58

Die gemeinschaftliche Tradition der Kirche steht über der persönlichen Erfahrung des Einzelnen.

Es verrät mangelnde Demut, seine persönliche Überzeugung über die gesammelte Weisheit früherer Generationen zu stellen. Traditionelle Vorstellungen sind nicht automatisch wahr, weil sie traditionell sind, aber es ist gut und richtig, auf die Stimmen früherer Generationen zu hören und von ihnen zu lernen.

59

Die Tradition hilft beim Verständnis der Schrift.

In der kirchlichen Tradition finden wir Deutung und Entfaltung der Heiligen Schrift. Die Schrift bleibt alleiniger Maßstab der Lehre, doch steht die Tradition nicht in unversöhnlichem Gegensatz zu ihr. Vielmehr kann die kirchliche Tradition eine wertvolle Hilfe zum besseren Verständnis der Bibel sein. Insbesondere die frühe Kirche war dem ursprünglichen Sinn der Schrift noch sehr nahe und sollte in ihrem Zeugnis gehört werden.

60

In der Offenbarung gibt es keinen Fortschritt.

Die Kirche ist nicht fortschrittsfeindlich. Sie erkennt wissenschaftliche Erkenntnisse an, sie verschließt sich neuen Technologien nicht. Die Offenbarung Gottes in Jesus Christus hingegen ist ein einmaliges Ereignis der Weltgeschichte. Jedwede spätere Tradition und Bekenntnisbildung geht auf dieses eine Ereignis zurück, das keinerlei Erweiterung bedarf.

61

Als unser Herr Jesus Christus sagte: „Geh hin und sündige hinfort nicht mehr“, wollte er, dass die Ehebrecherin ihr Verhalten ändert.

„So verdamme ich dich auch nicht“ – mit diesen Worten begegnet Jesus der Ehebrecherin, nachdem er die wütende Menge davon abgehalten hat, sie zu steinigen. Dennoch gibt er ihr die Weisung mit auf den Weg, ihr Verhalten zu bessern und nicht wieder in ihre Sünde zurückzufallen. Jesus hat die Sünderin nicht verurteilt, ihre Sünde aber deutlich benannt.

62.

Sünde ist das, was uns von Gott trennt.

Unser Wort Sünde leitet sich von dem Begriff Sund ab und bezeichnet somit überaus treffend den Graben, der sich zwischen Gott und uns auftut. Diesen Sund können wir aus eigener Kraft niemals überqueren. Einzig unser Herr Jesus Christus, der ohne Sünde war, kann uns eine Brücke über diesen Graben sein.

Sünde ist sowohl Handlung als auch Zustand.

Wenn wir gegen den Willen Gottes handeln, so bezeichnen wir eine solche Handlung als Sünde. Aber Sünde meint auch den allgemeinen Zustand, in dem sich die gefallene Welt befindet. Diese Welt wird von der Macht der Sünde beherrscht. Hier ist keiner, der gerecht ist, auch nicht einer.

64

Die Kirche braucht eine Wiederbelebung des Sündenbewusstseins.

Nur derjenige, der sich seiner Sünde bewusst ist, richtet seine Augen voller Hoffnung auf Jesus Christus und versteht die fundamentale Bedeutung seines Opfers am Kreuz. Die Erkenntnis der Sünde, die aus dem Gesetz Gottes fließt, ist daher der erste notwendige Schritt auf dem Weg zum Glauben.

65

Unser Herr Jesus Christus war uns in allem gleich, außer der Sünde.

Unser Herr Jesus Christus nahm Menschengestalt an – und somit auch sämtliche menschlichen Eigenschaften und Gefühlsregungen, von Trauer und Zorn über Verwunderung und Erschöpfung bis hin zu Hunger und Durst. Aber die Sünde hatte keine Macht über ihn. In diesem einen Punkt unterschied er sich von uns.

66

Sünde zu benennen, ist kein Richten.

Der Ausspruch unseres Herrn „Richtet nicht, damit ihr nicht gerichtet werdet“, wird von jenen missverstanden, die nicht zwischen Richten und Anklagen unterscheiden können. Keinem Menschen sei es gestattet, über die Sünde eines anderen zu richten, da er sich damit über seinen Nächsten erheben würde. Sünde offen zu benennen hat hingegen nichts mit richten zu tun und ist eine wichtige Voraussetzung zur Besserung.

67

Vergebung ist nicht identisch mit Akzeptanz.

Wer vergibt, erkennt falsches Verhalten an, ohne es zu verurteilen. Vergebung ist somit eine nachträgliche Haltung gegenüber einem Fehlverhalten. Verwerflich wäre es daher, wollte man nachträgliche Vergebung mit einer vorherigen Erlaubnis gleichsetzen.

68

Gott liebt uns, obwohl wir so sind, wie wir sind.

Jene, die behaupten, Gott liebe uns so, wie wir sind, vermitteln den Menschen ein falsches Gefühl von Selbstzufriedenheit. Gott hat Wohlgefallen an uns wie ein Vater am Sohn, aber er liebt uns nicht weil, sondern obwohl er uns kennt.

69

Auch angeborenes Verhalten kann sündhaft sein.

Verblendet sind jene, die sündhaftes Verhalten mit dem Hinweis entschuldigen wollen, es sei angeboren. Die Natur des Menschen ist von Geburt an verdorben, der Mensch ist ein geborener und zwanghafter Sünder, auch wenn die konkreten Versuchungen, denen er ausgesetzt ist, von Mensch zu Mensch verschieden sind.

70

Sünde ist die große Gleichmacherin.

Die Überempfindlichen unserer Zeit vermeiden den Begriff „Sünde“ aus Angst, er könne diskriminierend wirken. In Wirklichkeit aber ist die Sünde die große Gleichmacherin, da ausnahmslos alle Menschen unter ihr leben. Sie schafft dadurch Gleichheit über alle menschlichen Grenzen hinweg und richtet die Augen aller Welt auf ihren Erlöser Jesus Christus.

71

Die Ethik Jesu ist nicht von seiner Person zu trennen.

Unser Herr Jesus Christus lehrte mit Vollmacht, der Vollmacht des eingeborenen Sohnes Gottes. Schwache Geister, die unseren Herrn zu einem Sittenlehrer ohne göttliche Vollmacht degradieren wollen, um ihn dadurch der Welt verständlicher zu machen, haben in Wahrheit selbst nichts von der Lehre Jesu verstanden.

72.

Wenn Jesus nicht der Sohn Gottes war, war er entweder ein Wahnsinniger oder ein Betrüger.

Jesus von Nazareth hat sich der Welt als Sohn Gottes gezeigt. Wenn Jesus nicht der Sohn Gottes war, bleiben nur zwei Alternativen übrig. Entweder war er ein Wahnsinniger, der sich für den Sohn Gottes hielt, oder er war ein Betrüger, der sich als Sohn Gottes ausgab. In beiden Fällen wäre er als moralisches Vorbild disqualifiziert.

In Christus liegen Ende und Erfüllung des Gesetzes.

Wer an unseren Herrn Jesus Christus glaubt, der wird gerettet werden. Somit endet durch Jesu Erscheinen die Wirkung des alttestamentlichen Gesetzes als Weg zum Heil. Zugleich bringt er uns durch seine Person und seine Predigt die Erfüllung des Gesetzes.

74

Die Liebe ist die Erfüllung des Gesetzes.

Unser Herr Jesus Christus fasste das gesamte Alte Testament in zwei einfachen Forderungen zusammen, die Liebe zu Gott und die Liebe zum Nächsten, zwei Forderungen, die aber im Grunde zwei Seiten derselben Medaille sind. So ist nun, wie der Apostel sagt, die Liebe des Gesetzes Erfüllung.

75

Glaube ohne Wirkung ist tot.

Der Glaube allein rettet, aber ein Glaube, der in Untätigkeit verharrt, ist tot. Der Glaube ist auf den Nächsten gerichtet, deshalb wird er in der Liebe tätig. Wer wahrhaft von dem Glauben an unseren Herrn erfüllt ist, kann sich niemals von seinen Mitmenschen abwenden.

76

Ein Christ ist Sünder und Gerechter zugleich.

In dieser Welt lebt ein Christ in einer paradoxen Situation. Durch das Opfer Jesu Christi ist er gerechtfertigt, seine Schuld ist beglichen. Zugleich befindet er sich aber noch immer unter dem Einfluss der Sünde. Der schwierige Spagat eines Christen besteht darin, einerseits nicht an seiner Sünde zu verzweifeln, sich aber andererseits auch nicht bequem mit ihr einzurichten.

77

Das Gebet verändert nicht Gott, aber den Beter.

In der Nacht, in der unser Herr Jesus Christus verraten wurde, bat er seinen Vater, diesen Kelch an ihm vorübergehen zu lassen, beendete sein Gebet aber mit den Worten: „Doch nicht mein, sondern dein Wille geschehe!“ Das Gebet dient somit weniger einer Beeinflussung des göttlichen Willens, als vielmehr einem Fügen in diesen Willen. So soll es auch mit dem Gebet der Anhänger Jesu sein.

78

Christen sind zum Einsatz für die Gesellschaft aufgerufen.

Der christliche Glaube ist auf den Nächsten und auf die Gemeinschaft gerichtet. Dieser Tatendrang schließt auch gesellschaftliche Aufgaben mit ein. Ein Christ muss bereit sein, sich einzumischen und neue Wege zu beschreiten, sei es in Parteien, Vereinen, Stiftungen oder anderen entsprechenden Organisationen.

79

Aus dem Glauben lässt sich kein politisches Programm ableiten.

Der christliche Einsatz für die Gesellschaft darf nicht dazu verleiten, seine eigene politische Position für die einzig christliche zu halten. Aus dem Glauben lässt sich zwar die Motivation zu politischem Engagement gewinnen. Wie dieses jedoch genau aussieht, wird stets im menschlichen Ermessen des Einzelnen bleiben.

80

Politische Äußerungen der Kirche treiben viele hinaus, aber niemanden hinein.

Politische Stellungnahmen von Kirchenvertretern haben auf viele Christen eine verstörende Wirkung, weil sie den Eindruck vermitteln, als müsse die jeweilige Meinung von allen Christen geteilt werden. In Wahrheit missbrauchen viele Kirchenvertreter ihre Machtposition zur Propagierung ihrer eigenen politischen Überzeugung, die sich aber nicht aus dem Glauben ableiten lässt. Statt klarer Kante gegen rechts brauchen wir klare Kante für das Kreuz.

81

Ein Christ fürchtet Gott und ehrt die Obrigkeit.

Ein Christ erkennt die staatliche Ordnung als von Gott gegeben an. Das bedeutet nicht, dass er jedwede Maßnahme des Staates befürworten muss, im Gegenteil, er ist auch zur Kritik gerufen. Widerstand gegen den Staat ist einem Christen jedoch nur in passiver Form gestattet.

82

Ein Christ gehorcht Gott mehr als den Menschen.

Das Gewissen des Christen ist gebunden an Gottes Wort, das über jeder menschlichen Autorität steht. Gerät er in einen Konflikt zwischen den Forderungen Gottes auf der einen und den Forderungen der Menschen auf der anderen Seite, so wird er lieber von der Welt gerichtet als von Gott.

83

Christen stehen auf Seiten der Wahrheit.

Christen mögen über konkrete politische Themen unterschiedlicher Meinung sein, doch sind sie stets der Wahrheit verpflichtet. Niemals darf sich ein Christ zur Durchsetzung seiner Ziele der Lüge bedienen, auch dann nicht, wenn es vermeintlich guten Zwecken dient.

84

Christen stehen auf Seiten des Menschen.

Der Mensch ist von Gott geliebt, so sehr, dass Gott selbst menschliche Gestalt annahm und sich um der Menschheit willen opferte. Diese ungeheure Wertschätzung des Menschen muss auch das Denken und Handeln des Christen leiten. Das Wohl des Menschen steht für ihn im Vordergrund, menschliches Leben ist für ihn unantastbar.

85

Ein Christ fragt nicht nach dem persönlichen Nutzen des Glaubens.

Glaube ist keine persönliche Glücksphilosophie, sondern Heilsgemeinschaft mit dem dreieinigen Gott. Der Mensch ist in dieser Beziehung der Empfangende, nicht der Fordernde. Ob und inwiefern er in seinem persönlichen Alltag davon profitiert, ist für einen Christen eine unangemessene Fragestellung.

86

Gottes Segen zeigt sich nicht in weltlichem Erfolg.

Reichtum und Macht sind Versprechen des Satans. Unser Herr Jesus Christus hat diesen Versuchungen widerstanden und verlangt dies auch von seinen Anhängern. Immer wieder ermahnt er jene, die ihm nachfolgen wollen, welch große Opfer sie hierfür zu erbringen haben.

87

Gottes Berufung bedeutet Herausforderung.

Die Berufung durch Gott kommt meist unerwünscht. Nahezu alle biblischen Gestalten, die eine derartige Berufung erleben, versuchen zunächst, dieser zu entkommen, sei es durch Ausflüchte oder durch tatsächliche Flucht. Gottes Berufung bringt dem Berufenen kein Ansehen in der Welt, sondern vielmehr die Feindschaft der weltlichen Mächte.

88

Gottes Berufung ist nicht identisch mit Begabung.

Viele Menschen verwechseln Berufung mit Begabung. Jeder Christ soll seine Gaben zum bestmöglichen Einsatz bringen. Aber eine Berufung kann er daraus nicht ableiten. Er muss darauf gefasst sein, dass ihn die Berufung Gottes außerhalb seiner gewohnten Tätigkeit erwartet. Auch dies lässt sich an den biblischen Gestalten ersehen, von denen sich viele der Berufung Gottes mit dem Hinweis auf ihre eigene Unfähigkeit für diese Aufgabe entziehen wollen.

89

Nicht jeder Mensch hat eine Berufung.

Berufung hat nichts mit Selbstverwirklichung zu tun. Bei der Selbstverwirklichung geht es darum, Talente und Eigenschaften, die in uns selbst liegen, in unserem Leben zu verwirklichen. Die Berufung hingegen kommt von außen, von Gott selbst. Die Vorstellung, jeder Mensch hätte eine göttliche Berufung, entspricht modernem Wunschdenken, hat aber keine Grundlage in Bibel und Bekenntnis.

90

Die Kirche lebt von den durch Gott Berufenen.

Die Kirche ernennt ihre eigenen Amtsträger, aber sie lebt von den durch Gott Berufenen, jenen Christen, die voll und ganz vom Auftrag unseres Herrn erfüllt und bereit sind, diesen gegen alle Widerstände auszuführen.

91 

Die hier aufgestellten Thesen sind nach bestem Wissen und Gewissen, im Bewusstsein der Verantwortung vor Gott und in treuem Hören auf sein Wort entstanden.

Der Autor ist in großer Sorge um die Zukunft der Kirche, die er bei aller Kritik noch immer als die seine empfindet. Die hier vorliegende Stellungnahme hat er nicht leichtfertig formuliert, sondern nach reiflicher Überlegung und aus tiefster Überzeugung.

92.

Die hier aufgestellten Thesen erheben keinen Anspruch auf Vollständigkeit.

Jede Zeit hat ihre eigenen Herausforderungen. Der Autor hat sich derjenigen Punkte angenommen, die seiner Ansicht nach im aktuellen Zustand der Kirche besonders im Argen liegen. Keineswegs war es die Absicht des Autors, hier eine in sich geschlossene Dogmatik vorzulegen.

93

Die hier aufgestellten Thesen erheben keinen Anspruch auf Unfehlbarkeit.

Der Autor hat seine Thesen nach bestem Wissen und Gewissen formuliert. Seiner eigenen Fehlbarkeit ist er sich dabei stets bewusst. Er möchte keine Autorität sein oder beanspruchen, sondern seine bescheidenen Mittel dazu nutzen, die Kirche wieder auf den rechten Weg zurückzuführen.

94

Die hier aufgestellten Thesen sind offen zur Disputation.

Da der Autor keinen Anspruch auf Unfehlbarkeit erhebt, begrüßt er jede offene Disputation über seine Thesen, sofern diese auf dem Boden von Bibel, Bekenntnis und Vernunft stattfindet.

95

Seid doch einfach wieder Kirche!

Besinnt euch auf den Ursprung, auf Christus selbst, so werdet ihr den Willen Gottes erfüllen!

Die Simpsons und die Theologie

Sebastian Moll
Das Evangelium nach Homer
Die Simpsons und die Theologie

Gebunden, 144 Seiten
ISBN 978-3-86506 731-9

Ausgehend von den Episoden der Simpsons wirft Sebastian Moll Licht auf die großen Themen des christlichen Glaubens. Eine gelungene Mischung aus Unterhaltung und Theologie.

Brendow
Verlag | Alles, was Sinn macht!